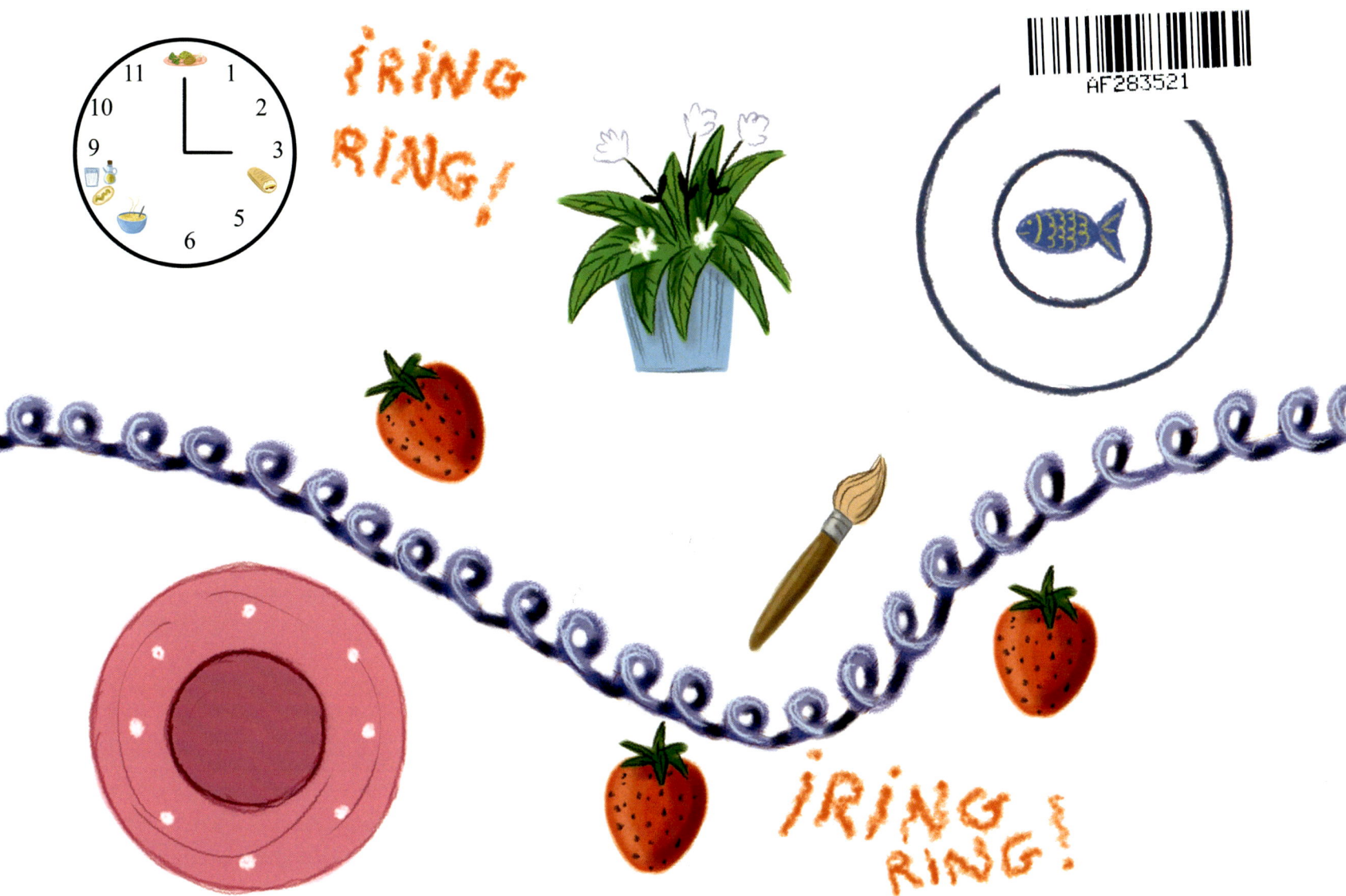

Verónica Martín Pons
Patricia Esteban Figuerola

APULEYO EDICIONES   FOMENTO DE VALORES   CUENTOS ILUSTRADOS

Barriga llamando a cabeza, ¿Me recibes?

APULEYO EDICIONES   FOMENTO DE VALORES   CUENTOS ILUSTRADOS

Ona saltaba con su hermano Max en la cama elástica del jardín. ¡Se lo estaban pasando en grande! Entonces, Ona empezó a pensar en cómo se movían las partes de su cuerpo.

Mamá siempre decía que se guarda todo en la cabeza. Lo que somos, lo que hacemos..., ¡lo que aprendemos! Y cuando lo decía, siempre se daba unos golpecitos en la cabeza con el dedo. Toc, toc, toc.

"Entonces... ¿los movimientos también salen de mi cabeza?", pensó ella.

Paró de saltar y empezó a pensarlo con mucha fuerza.

Imaginaba unos hilos que pasaban por dentro de su cuerpo.

Un hilo salía de la cabeza y llegaba a la mano derecha, eso hacía que pudiera pintar... Otro salía de la cabeza y llegaba al pie izquierdo, con el que se impulsaba en el patinete... Y debía de haber otro, desde la cabeza hasta la barriga para saber cuándo tenía hambre y cuando estaba llena...

Pero este último... ¡Ay, este último! A veces parecía que no funcionaba muy bien. Como cuando el móvil de Papá se queda sin cobertura y no le llegan las llamadas..., pues igual.

Su hilo se quedaba sin cobertura y no le llegaban los mensajes al cerebro. Y eso... a menudo, generaba problemas.

—Has comido muy poco, Ona, come un poquito más. ¡Esto no es suficiente! —decía Mamá.

—Para de comer, Ona, o acabarás vomitando —decía otras veces Papá.

¡Si es que no se ponían de acuerdo! ¡No estaban nunca contentos con lo que Ona comía! Y esto la ponía triste, nerviosa y enfadada, todo a la vez.

Las personas de su entorno también opinaban. A veces, los adultos se meten donde no les llaman...

—Esta niña terminará enferma si no come más.

—Pues los míos comen mucho, debe ser que no cocináis bien.

—Os está tomando el pelo, apuntadla al comedor escolar.

—¡Dejádmela a mí una semana y veréis cómo come! Ya le quitaré yo todas esas tonterías.

¿Resultado? Papá, Mamá y Ona estaban nerviosos, tristes y tensos a la hora del desayuno, la comida y la cena. ¡Un drama total! Hasta que un día...

—He ido a hablar con Patricia —dijo Mamá una tarde en el parque— y me ha dado unos consejos para que no volvamos a pasarlo mal en la mesa. Empezamos mañana mismo.

Todo eso olía a chamusquina... ¿Quién era esa tal Patricia? ¿La obligarían a comer? ¿Le harían chantaje? ¿La apuntarían al comedor del cole? ¡¡¡NOOOOOOOOOOO!!!

Esa noche... no pudo dormir de los nervios, pensando en lo que se le avecinaba...

Se levantó como de costumbre, con calma. Se vistió como de costumbre..., con mucha más calma. Y se dejó peinar como de costumbre, con..., sí, con calma. Cuando entró en la cocina, se encontró a Papá con un delantal puesto y un trapo en el brazo... Y llevaba un papel en la mano. "Qué extraño...", pensó Ona.

"Siniorina, benvinuta al ristorante Papini, esta matina li propongo el sigüente".

Entonces le enseñó el papel que llevaba en la mano. ¡Era una carta de restaurante!

Había cuatro opciones: yogur con cereales, fruta de la casa, leche con avena o cereales y... "nada". ¿NADAAAAAAA? "Esta es la mía", pensó Ona.

—No quiero nada, Papá, no tengo hambre.

Papá sonrió y miró a Mamá de reojo.

—Entiendo que a veces cuesta comer cuando nos acabamos de levantar, pero en un ratito tendrás que ir al cole y no podrás comer nada hasta la hora del patio. Eso significa pasar mucho tiempo con la barriguita vacía, y puede ser que lo pases mal. Hagamos lo siguiente. Sabiendo que no tienes ni pizca de hambre, te propongo comer cuatro fresas,

solo cuatro, y Papá y Mamá valorarán mucho tu esfuerzo de cuidar tu bienestar.

Ona se lo pensó unos instantes... "Valorarán mis esfuerzos". "Me gusta que valoren lo que hago, soy una niña muy responsable...".

—Entendido, tres fresas... ¡Es mi última oferta! —exclamó Ona.

—Marchando tres fresini para la bambina de la tabola uno —respondió Papá.

Esa mañana fue divertida, y se comió las tres fresas más feliz que una perdiz. Le gustaba eso de ir a un restaurante italiano a la hora del desayuno. En la escuela, le explicó a su amiga lo que había pasado y las dos acabaron riendo a carcajadas.

Cuando volvió a casa a la hora de comer, vio cómo habían transformado la mesa del comedor... ¡Y la cocina! ¿Pero qué habían hecho? No había nada en la encimera, estaba todo guardado y había una plantita nueva en la mesa, que estaba muy bien presentada...

—¿Celebramos algo? ¿Ya es navidad? —preguntó Max.

—No, no es Navidad, Max, pero sí que celebramos algo, que nos queremos y que tenemos mucha suerte de tenernos —dijo Mamá—. La hora de comer es un momento muy importante, le damos energía a nuestro cuerpo y cuidamos nuestra mente. De ahora en adelante, valoraremos mucho este momento juntos.

Trajeron los platos y a Ona no le pusieron su ración en un plato pequeño, sino que era un plato enooooorme con una pequeeeeeña porción en medio... Arrugó la nariz y miró al de su hermano. El plato de Max era, como siempre, un plato grande con los ingredientes por separado. Max no soportaba que los colores y los sabores se tocarán, así que Mamá le ponía el arroz por un lado, el tomate por otro, las salchichas cortaditas por otro y por último, el huevo, con mucho cuidado de que no se rompiera.

—Pero... aquí hay muy poca comida —lloriqueó Ona.

—Es ración de restaurante de lujo. Si tienes más hambre podrás repetir.

La explicación del restaurante de lujo le gustó, y empezó a comérselo todo...

Bueno, casi todo. Dejó un poquito, pues al final resultó que no había tan poco.

Por la tarde, cuando salió del cole, fueron a pasear juntos por el pueblo. Papá les explicó que le hubiera gustado ir al centro comercial, pero como entendía que Ona se ponía muy nerviosa cuando iban, habían decidido llevarla a una tienda más pequeña donde vendían platos...

—¿Plaaaaaaaaatos? —se extrañó Max.

—Sí, platos; entrad hijos. Podéis escoger vuestra propia vajilla. A partir de ahora comeréis con los que elijáis.

Los dos hermanos miraron con mucha dedicación todo lo que había en la tienda y terminaron decidiéndose por los platos más bonitos. Cogieron tres planos, tres hondos y tres pequeños para cada uno. Papá y Mamá también les dejaron escoger un vaso y un bol nuevos. Estaban muy emocionados por poder empezar a comer en su propia vajilla, ¡mucho más chula que los aburridos platos blancos de casa!

Esa noche, para cenar, Papá les presentó la sopa en sus platos nuevos. A Max, como de costumbre, se le sirvió el caldo de la sopa en el bol y la pasta en un plato; a Ona se le sirvió en su nuevo plato hondo, todo de color rosa, y con flores y perlitas blancas dibujadas.

—No quiero más…, estoy llena —dijo Ona a la segunda cucharada de sopa.

Papá abrió la boca para hacer un comentario cuando Mamá dijo una cosa sin venir a cuento… ¡Papaya! Papá se quedó sorprendido y miró a Mamá de una forma extraña. En la mirada de Mamá se entendía: "No sigas hablando, déjamelo a mí". Ella siguió la conversación:

—Creo que estás cansada… Has tenido un día largo en el colegio. ¿Te apetece explicárnoslo?

—Sí…, estoy cansada, pero no quiero explicar nada y no quiero comer —respondió Ona.

—Lo entendemos, cuando estamos cansados nos cuesta notar la sensación de hambre, yo también iría a dormir sin comer, pero por la noche tendría hambre y no dormiría bien.

Vamos a hacer una cosa, siéntate a mi lado, que yo sí os quiero explicar mi día... —dijo Mamá.

Y empezó a contar un montón de cosas que le habían sucedido.

Ona no sabía que a Mamá le pasaban tantas cosas durante el día... Después, Max quiso explicar cómo le había ido en el jardín de infancia y Papá también aportó su relato a la conversación... ¡Al final, Ona no quería ser menos! Y sin darse cuenta, comió un poco más de sopa mientras explicaba todo lo que había hecho ese día en el colegio. De esa manera, las comidas eran más entretenidas.

—Mamá..., ¿mañana podremos poner música? —preguntó.

—¡Me parece una idea genial! —respondió Mamá.

Esa noche, Ona durmió tranquila; su barriga no le hacía cosas extrañas y se levantó más descansada. Recordando el Ristorante Italiano, se vistió a toda prisa, se peinó ella misma y fue corriendo hacia la cocina. Allí..., como un camarero de verdad, se encontró a Papá, con la carta en la mano. ¡Y era distinta!

—Hoy, hoy... querré zumo de naranja y unas tostaditas con jamón dulce. ¡Gracias!

Pero a la hora de comer..., la cosa se complicó. Ona se encontró la cocina limpia y ordenada, la mesa bien preparada, los espaguetis en el plato nuevo, música relajante sonando de fondo y...

—¡¡¡NO TENGO HAMBRE!!! No quiero comer nada —gimió Ona.

—Tienes que comer un poco, solo un poco —respondió Papá.

Pero Ona no quería comer, no le apetecía nada y la dejaron hacer. Por la tarde, cuando salió del colegio, mamá la vio un poco pálida.

—¿Estás bien, chiquitina? —le preguntó.

—Estoy mareada, Mamá, la cabeza me da vueltas y me siento cansada.

—Eso es hambre, no has comido y tu cuerpo te lo recuerda, es muy sabio, hija.

—¡Pero yo no noto el hambre, Mamá!

Y pensó... "Mi hilo, el que va de la barriga a la cabeza, se ha vuelto a quedar sin cobertura. Barriga llamando a cabeza..., ¿me recibes?". NADA.

—Ona, tu barriga a veces no envía la señal de que tienes hambre a tu cerebro, pero tu cuerpo te lo pide. Aparte de sentir malestar y movimientos en el estómago, hay otras maneras de saber que necesitamos comer, aunque no tengamos la sensación de hambre.

—¿Como cuáles? —preguntó Ona.

—Por ejemplo, como ahora, cuando te sientes mareada, o cuando se te nubla la visión, o cuando lloramos sin ninguna razón aparente...; muchas veces también es por hambre. Entonces, es importante dar a tu cuerpo y a tu cabecita la energía que piden.

—Pero es muy difícil saber cuándo tengo que comer si no siento que tengo hambre, y no es agradable comer sin hambre, ¿sabes, Mamá?

—Lo entiendo, por eso te propongo que pensemos en cómo podríamos arreglar este problema… ¿Alguna idea?

¡Por supuesto que tenían la idea! Se pasaron toda la tarde dibujando, pintando y pegando cosas para el reloj de la cocina.

Cuando terminaron, el reloj había quedado precioso. En el 8, pegaron un dibujo del desayuno; en el 12, había uno del plato de la comida; en el 4, un bocadillo para la merienda; y en el 7, un bol con sopa que representaba la cena.

Con aquel reloj, sabría que, aunque no tuviera hambre, su cuerpo necesitaba comer, como mínimo lo que le cabía en la mano, para así, no notar molestias. No le gustaba nada tener ganas de llorar, estar triste, mareada, o con dolor de barriga…

Desde aquel día, Ona come algo en cada una de las comidas del día, aunque a veces no se termina todo lo que hay en el plato, y en otras ocasiones repetiría; pero ahora ya sabía que en las horas de las comidas es importante comer algo para no encontrarse mal.

Por la mañana, visitaba un restaurante italiano; al mediodía, celebraban la fiesta de la familia; para merendar, decidieron que, siempre siempre que pudieran, irían al parque, pues allí la merienda apetecía más; y para cenar, propusieron que siempre habría el "plan B" de sopita o crema porque a veces estaba demasiado cansada para comer quínoa con verduras o tortilla, y en cambio, la sopita siempre entraba mejor.

Pero lo que más le gustaba a Ona eran los fines de semana. Habían decidido que harían la vuelta al mundo a través de la comida y que cada fin de semana visitarían un país diferente. Además, como tenían tiempo, Ona y Max podían ayudar a cocinar la comida.

Así, empezaron a pasarlo la mar de bien lavando y cortando los alimentos, removiendo con la cuchara de madera y emplatando. Ona estaba convencida de que era ella la que le daba un toque especial a la comida y le gustaba mucho que sus padres la felicitaran por lo bien que cocinaba.

El último fin de semana, tocó ir a China, por lo que prepararon fideos chinos con verduras y gambas en familia.

Ona había pelado las gambas y cortado el calabacín, y Max había removido el Wok. Papá compró palillos chinos y una fruta extraña llamada "Lichi". También pusieron música china para animar el ambiente. Todo fue muy divertido, y hasta hablaban con acento chino, y Ona, sin darse cuenta, se terminó toda la comida del plato. ¡Fue toda una fiesta!

Ona ya estaba deseando saber qué país visitarían la próxima semana, pero lo más importante de todo es que ya estaba disfrutando de la comida; la hora de la comida se había convertido en un momento agradable y a veces hasta era divertida; aunque la cobertura del hilo que iba de la barriga a la cabeza a veces fallaba..., ella se ponía una mano en la barriga y otra en la frente y decía...: "Barriga llamando a cabeza..., barriga llamando a cabeza, ¿me recibes? Sé que no tengo hambre, pero tenemos que comer un poquito. ¡¡VAMOS!!".

CONSEJOS PARA LA FAMILIA

Si el/la niño/a se niega a comer, hay que tener en cuenta qué emoción predomina; cómo está en ese momento: ¿está triste?, ¿enfadado?... o puede que esté ¿cansado? Es difícil comer en estos casos, el cerebro está en modo supervivencia y no envía señales al estómago.

Comer sin tener hambre es muy desagradable, debemos empatizar con él/ella. No obligar a comer a la fuerza, pues el resultado puede ser el de una mala relación con la alimentación.

Cuando ofrecemos la comida en un plato plano, la ración se ve más pequeña, es una cuestión de percepción visual. Esto puede ayudar en el momento de la comida a que coma más cantidad. Del mismo modo, si le presentamos un plato pequeño, parecerá más cantidad.

Un ambiente ordenado evita la hiperestimulación visual. Algunas personas autistas se fijan en todos los detalles, por lo que cuando hay muchos estímulos alrededor, el cerebro se agota intentando procesarlo todo, y muchas veces se queda sin energía. Aunque no exista un cansancio a nivel físico, a nivel psicológico, la persona se queda agotada, K.O., por lo que mantener la cocina o el comedor limpios y ordenados permite minimizar la cantidad de estímulos y procesar y centrar la atención en la comida en cuestión.

Aunque es importante mantener unos horarios y rutinas en las horas de las comidas, debemos recordar que el estómago no es un reloj suizo y que a veces debemos ser flexibles. Así que, si no se ha comido a las 12h por falta se sensación de hambre, es probable que se nos pida comer a las 13h, o que, en vez de cenar a las 19h, haya sensación de hambre a las 18.30h; en este caso, podemos proponer esperar unos minutos mientras ponemos la mesa para cenar, o bien adelantar la hora de la cena.

A pesar de todo, hay que tener en cuenta que a veces las estrategias que funcionan hoy, quizás no funcionen mañana. En este libro te dejamos algunas que te pueden ayudar, y recuerda que nosotros también tenemos días en los que "no nos entra ni un yogurt".

© Verónica Martín Pons, Patricia Esteban Figuerola (de la obra)
©Apuleyo Ediciones (de esta edición)
Primera edición en Apuleyo Ediciones: septiembre 2024
Diseño de cubierta: Ernesto Pérez Martínez
Corrección: Aitor Andreu Guerrero
Maquetación: Sofía Corzo González
Ilustraciones: Ana Santiago Clemente

Coordinación editorial: Isidoro Cidre González
info@apuleyoediciones.com
www.apuleyoediciones.com
ISBN: 978-84-1060-265-6
Depósito legal: H 279-2024

Hecho e impreso en España.